Date: 9/2/22

**PALM BEACH COUNTY
LIBRARY SYSTEM**

**3650 Summit Boulevard
West Palm Beach, FL 33406**

¡Mira cómo crece!

La vida de la mariposa

Nancy Dickmann

Heinemann Library
Chicago, Illinois

www.capstonepub.com
Visit our website to find out more information about Heinemann-Raintree books.

To order:
☎ Phone 800-747-4992
💻 Visit www.capstonepub.com to browse our catalog and order online.

Edited by Rebecca Rissman, Nancy Dickmann, and Catherine Veitch
Designed by Joanna Hinton-Malivoire
Picture research by Mica Brancic
Production by Victoria Fitzgerald
Originated by Capstone Global Library Ltd Library
Printed in the United States of America in North Mankato, Minnesota.
122013   007944RP
Translation into Spanish by DoubleOPublishing Services

Library of Congress Cataloging-in-Publication Data
Dickmann, Nancy.
  [Butterfly's life. Spanish]
  La vida de la mariposa / Nancy Dickmann. —1st ed.
    p. cm.—(¡Mira cómo crece!)
  Includes bibliographical references and index.
  ISBN 978-1-4329-5271-6 (hc)—ISBN 978-1-4329-5283-9 (pb)
  1. Butterflies—Life cycles—Juvenile literature. I. Title.
  QL544.2.D5318 2011
  595.78'9—dc22   2010034139

Acknowledgments
We would would like to thank the following for permission to reproduce photographs: iStockphoto pp. **14** (© Carla Vaughan), **15** (© Lowell Gordon), **17** (© Ron Brancato), **18** (© Olivier Blondeau), **20** (© Jill Lang) **22 bottom** (© Carla Vaughan), **23 top** (© Lowell Gordon); Nature Picture Library p. **16** (© Rolf Nussbaumer); Photolibrary pp. **4** (First Light Associated Photographers/© Peter Reali), **8** (Animals Animals/Breck P Kent), **9** (Tips Italia/John T Fowler), **10** (Oxford Scientific (OSF)/© Brian Kenney), **22 top** (Animals Animals/Breck P Kent); Shutterstock pp. **5** (© Cathy Keifer), **6** (© Cathy Keifer), **7** (© GJS), **11** (© Lori Skelton), **12** (© James A. Kost), **13** (© Cathy Keifer), **19** (© Cheryl Casey), **21** (© sjgh), **22 right** (© Cathy Keifer), **22 left** (© GJS), **23 middle top** (© Cathy Keifer), **23 bottom** (© Cathy Keifer), **23 middle bottom** (© Cheryl Casey).

Front cover photograph (main) of a monarch butterfly on a red flower reproduced with permission of Shutterstock (© Doug Lemke). Front cover photograph (inset) of a monarch caterpillar eating milkweed reproduced with permission of iStockphoto (© Ron Brancato). Back cover photograph of a monarch chrysalis reproduced with permission of iStockphoto (© Lowell Gordon).

The publisher would like to thank Nancy Harris for her assistance in the preparation of this book.

Every effort has been made to contact copyright holders of material reproduced in this book. Any omissions will be rectified in subsequent printings if notice is given to the publisher.

Contenido

Ciclos de vida

Todos los seres vivos tienen un ciclo de vida.

Las mariposas tienen un ciclo de vida.

Una oruga sale del huevo. Se convierte
en mariposa.

Una mariposa pone huevos.

El ciclo de vida comienza de nuevo.

Huevos y orugas

huevo

Una mariposa pone huevos sobre una hoja.

Dentro de cada huevo hay una pequeña oruga.

La oruga sale del huevo. La oruga se come el huevo.

La oruga come hojas.

Crecer y transformarse

La oruga crece demasiado para su piel.

La piel vieja se cae.

Hay piel nueva debajo.

funda

La oruga se fabrica una funda dura.
Esta funda se llama crisálida.

crisálida

La oruga se transforma en mariposa dentro de la crisálida.

Mariposas

crisálida

La mariposa se desprende de su crisálida y sale.

La mariposa abre sus alas y se aleja volando.

La mariposa bebe néctar para crecer.
El néctar es un líquido dulce que
producen las flores.

lengua

La mariposa chupa el néctar con su lengua larga.

La mariposa pone huevos sobre una hoja.

El ciclo de vida comienza de nuevo.

El ciclo de vida de una mariposa

1 Una mariposa pone huevos sobre una hoja.

2 Una oruga sale de un huevo.

4 La oruga se convierte en mariposa.

3 La oruga fabrica una funda dura alrededor de su cuerpo.

Glosario ilustrado

crisálida funda dura. La oruga se convierte en mariposa dentro de la crisálida.

salir del huevo nacer de un huevo

néctar líquido dulce que producen las flores. Las mariposas beben néctar.

piel cubierta exterior del cuerpo de una oruga. Las orugas cambian su piel cuando les queda demasiado pequeña.

Índice

Nota a padres y maestros

Antes de leer

Pregunte a los niños si saben cómo se llama la cría del perro. Luego fíjese si pueden nombrar la cría del gato, del caballo, de la vaca, de la oveja y del cerdo. ¿Saben cuál es la cría de una mariposa? Comente que algunas crías de animales se ven como versiones pequeñas de los adultos y que algunas crías de animales se ven muy diferentes de los adultos.

Después de leer

- ¡Salgan a buscar orugas! Escoja un día a principios del verano y miren sobre las hojas, flores y tallos de diferentes plantas. ¿Cuántas orugas diferentes pueden hallar los niños? Pida a los niños que les tomen fotos o las dibujen y que cuenten el número de orugas que encuentren de cada tipo. De regreso en clase, registren juntos sus hallazgos en una tabla de conteo. Busquen en libros o en Internet para averiguar en qué mariposa se convertirá cada tipo de oruga.

- Lea con los niños el libro *La oruga muy hambrienta* de Eric Carle y pídales que practiquen volver a contar el cuento. Pídales que hagan títeres de la oruga y de una mariposa y que dibujen los alimentos que aparecen en el libro. Luego pueden representar el cuento.